Der Wald

Einfach gut erklärt!

AF178404

Geschrieben von Bianca Borowski,
mit Bildern von Jochen Windecker

Grün und einzigartig

Warst du schon mal in einem Wald? Auf den ersten Blick sieht man nur Bäume, die nebeneinanderstehen – aber ein Wald ist viel mehr als das. Unzählige Tiere und Pflanzen sind hier zu Hause. Gemeinsam bilden sie einen der wichtigsten **Lebensräume** der Erde: Etwa ein Drittel der Landmassen ist von Wald bedeckt. Nur in Gegenden, in denen es zu kalt oder zu trocken ist, kommt er nicht vor.

Friederike. 8. fragt:

Warum wachsen auf hohen Bergen keine Bäume?
In den Bergen sind die Winter lang und kalt. Pflanzen brauchen zum Wachsen aber einige Monate lang eine Temperatur von mindestens 10°C am Tag. Die Zeit nennt man **Vegetationsperiode** und die ist ab einer bestimmten Höhe für Bäume zu kurz.

Sibirischer Tiger im Taigaforst

Reh im europäisch Buchenwald

Die Wald- und Baumgrenze

In den Bergen wachsen ab einer Höhe von 1500 Metern keine **Laubbäume** mehr. Ab etwa 2000 Metern endet der dichte **Nadelwald**. Oberhalb dieser **Waldgrenze** stehen nur noch einzelne Fichten, Lärchen oder Latschenkiefern. Zwischen 2500 und 3000 Metern ist dann die **Baumgrenze** erreicht, hier gibt es vor allem noch Moose und Flechten. Auf dem steinigen Boden über 3000 Metern leben kaum noch Pflanzen.

Netzpython im tropischen Regenwald

Wälder sind wichtig

Menschen und Tiere brauchen das Gas **Sauerstoff** zum Atmen. Die Bäume der Wälder bilden viel Sauerstoff und geben es in die Luft ab. Außerdem helfen Bäume dabei Luft und Wasser zu reinigen, denn ihre Blätter filtern Staub aus der Luft. Ein Wald schützt auch vor **Überschwemmungen** und **Erdrutschen**, denn die Pflanzen und der **Waldboden** speichern Wasser und die Wurzeln festigen den Boden.

Der Waldboden nimmt Regen auf.

Schutzwald oberhalb eines Dorfes

Ursprüngliche Position der Erdmasse: Hätten hier Wurzeln die Erde befestigt, wäre es nicht zu dem Erdrutsch gekommen.

Abgerutschte Erdmasse

Gesteinsschicht

Wo der Wald abgeholzt wurde, kommt es leichter zu Erdrutschen.

Erdschicht

4

Gut für das Klima

Das Wetter in einem bestimmten Gebiet über lange Zeit gemessen, nennt man Klima. Hast du schon mal vom Klimawandel gehört? Zu viel **Kohlendioxid (CO_2)** in der Luft ist einer der Gründe, warum es auf der Erde immer wärmer wird. Wälder nehmen CO_2 auf und wandeln es in **Kohlenstoff** um, das sie zum Wachsen brauchen. So wirken sie dem **Klimawandel** entgegen.

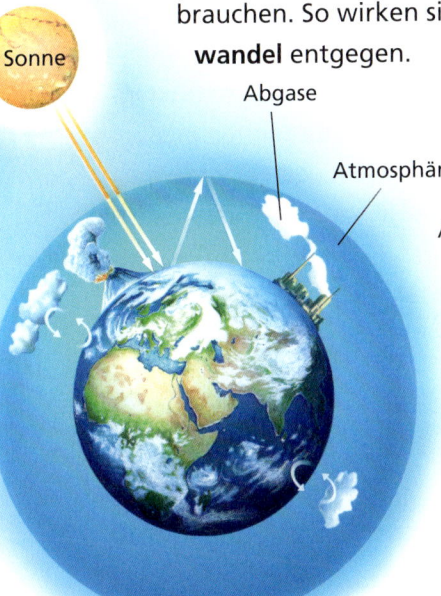

Sonne

Abgase

Atmosphäre

Abgase aus Fabriken oder Automotoren enthalten das Gas CO_2. Die Wälder können nur einen Teil davon aufnehmen. Der Rest verbleibt in der Luft und trägt zur Erderwärmung bei.

Wald ist nicht gleich Wald

Eiche

Ahorn

Kiefer

Tanne

Welche Bäume in einem Wald wachsen, ist vor allem abhängig davon, wie nährstoffreich ein Boden ist und welches Klima in der Gegend herrscht. Nirgendwo ist die Pflanzenvielfalt größer als in den feuchtwarmen **tropischen Regenwäldern**: Forschende zählten in einem Waldgebiet in Ecuador (Südamerika) bis zu 300 Baumarten auf einer Fläche von der Größe eines Fußballfeldes. In ganz Europa gibt es viel weniger Baumarten als im Regenwald.

Laubwald

Nadelwald

In Gegenden, in denen es im Winter friert, verlieren **Laubbäume** im Herbst ihre bunt verfärbten Blätter. **Nadelbäume** wie Tannen oder Kiefern sind immergrün. Schnee und Eis können ihren nadelartigen festen Blättern nichts anhaben. Nur die Lärche wirft ihre Nadeln im Herbst ab. Einen hauptsächlich aus Laubbäumen bestehenden Wald nennen wir **Laubwald**. In einem **Nadelwald** wachsen größtenteils Nadelbäume. In einem **Mischwald** gibt es Laub- und Nadelbäume.

Mischwald

Manche Pflanzen vertragen sogar Salzwasser und Schlamm. An tropischen Küsten und Flussmündungen wachsen **Mangroven** bis ins Meer hinein.

Mangrovenwald

Der Wald mit seinen Stockwerken

So wie ein Haus hat auch der Wald verschiedene **Stockwerke**. Die unterschiedlich hohen Pflanzen bilden Etagen – vom Erdgeschoss (**Bodenschicht**) geht es über den ersten und zweiten Stock (**Kraut- und Strauchschicht**) hinauf bis ins Dachgeschoss (**Kronenschicht**).

Am Beispiel einer Eiche siehst du hier, wie die unterschiedlichen Stockwerke in unseren heimischen Wäldern aussehen.

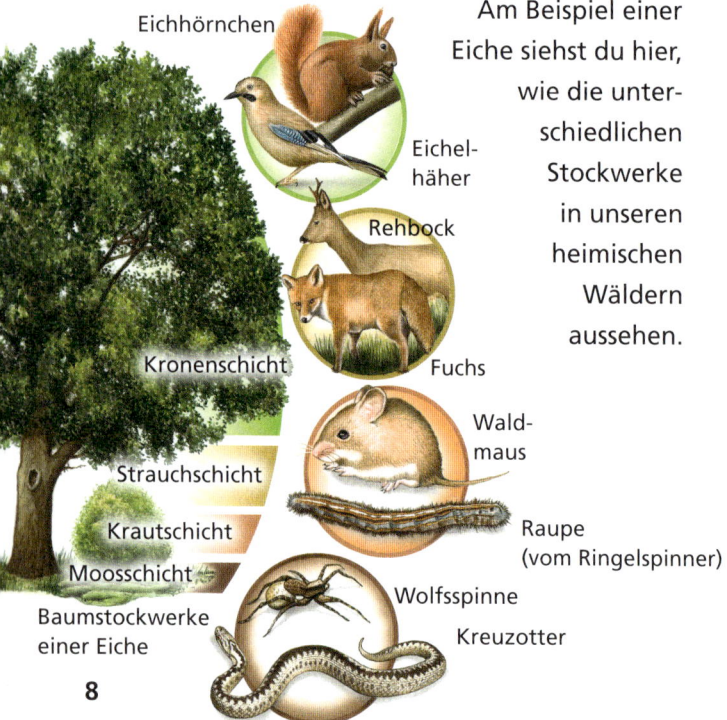

Eichhörnchen

Eichelhäher

Rehbock

Fuchs

Kronenschicht

Strauchschicht

Krautschicht

Moosschicht

Baumstockwerke einer Eiche

Waldmaus

Raupe (vom Ringelspinner)

Wolfsspinne

Kreuzotter

Wer lebt wo?

Greifvögel wie Mäusebussard oder Habicht und andere größere Vögel wie Eichelhäher haben in den Baumkronen ihre Nester. Auch das Eichhörnchen springt hier oben von Ast zu Ast. In der **Kronenschicht** leben außerdem viele Insekten, die sich von den Blättern ernähren.

Vögel wie Amsel oder Singdrossel nisten im dichten Gestrüpp der Sträucher und in jungen Bäumen. Auch Rehbock und Fuchs verstecken sich hier in der **Strauchschicht**.

In der **Krautschicht** wachsen Pflanzen, die Schatten vertragen, zum Beispiel Farne, Kräuter und Gräser. Dieses Stockwerk ist der Lebensraum vieler Tiere, etwa von Waldmäusen und Raupen.

Die **Moosschicht** bietet Käfern, Schlangen, Schnecken und Ameisen Schutz und Nahrung. Neben Moosen wachsen hier Pilze und Flechten.

Jassin, 9, fragt:

Ist das Reh die Frau des Hirsches?
Nein, Rehe sind eine eigene Huftierart. Das männliche Reh heißt Rehbock, das weibliche Reh nennt man Ricke. Beim Rot- und Damhirsch heißen die Weibchen Hirschkuh und die Männchen Hirsch.

Unter dem **Blätterdach** unserer Laubwälder ist es für viele Pflanzen zu dunkel. Deshalb blühen sie meist im Frühjahr, bevor die Bäume grün werden. Besonders viele Blumen und Sträucher wachsen dort, wo sie am meisten Sonne bekommen: an **Waldrändern** oder auf **Lichtungen**.

Das Buschwindröschen blüht von März bis Mai. Zwischen Blumen und Laub huscht eine Haselmaus. Wildschweine durchwühlen auf der Suche nach Futter den Waldboden.

Geheimnisvoller Märchenwald

Hohe Bäume, nächtliche Rufe der Käuzchen und dunkles Unterholz – der Wald bietet jede Menge Raum für die Fantasie. Im Laufe der Jahrhunderte sind viele Geschichten entstanden, die von Kobolden, Elfen und anderen wundersamen Waldwesen erzählen. Und auch in einigen Märchen spielt der Wald eine wichtige Rolle. „Hänsel und Gretel", „Sterntaler", „Rotkäppchen" oder „Brüderchen und Schwesterchen" – was wären diese Märchen der Brüder Grimm ohne den Wald?

Rotkäppchen und der Wolf

Schon gewusst?

Besonders zauberhaft sehen Baumstämme aus, die mit Moos bewachsen sind. Wusstest du, dass sie dir die **Himmelsrichtung** anzeigen? Da Moose an feuchten Stellen wachsen, kannst du bei einer dicht bemooste Baumseite davon ausgehen, dass dies die Nordwestseite ist – denn aus dieser Himmelsrichtung kommt bei uns der meiste Regen.

11

Leben im Wald

Bäume bieten Nahrung und Unterschlupf, darum sind sie das Zuhause von vielen Tieren.

Das in Südamerika lebende Faultier ernährt sich von Laub und Früchten.

Einige Tiere verbringen viel Zeit auf Bäumen, verlassen diese aber, um Futter zu finden. Das Eichhörnchen zum Beispiel schläft in einem Kobel im Baumwipfel. Zur Nahrungssuche huscht es dann über andere Bäume oder über den Waldboden.

Das Okapi lebt in Afrika. Es ernährt sich hauptsächlich von Blättern.

Häufig muss man genau hinsehen, um die Bewohner des Waldes zu entdecken. Die Körperfärbung mancher Insekten gleicht der Farbe der Baumrinde, auf der sie leben. Selbst große Tiere können sehr unauffällig sein. Rehe und Wildschweine sind mit ihrem braunen Fell im Unterholz **gut getarnt**.

Wildschweine sind Allesfresser. Zu ihren Lieblingsspeisen gehören Eicheln, Würmer und Schnecken.

Baummarder können gut klettern und bis zu vier Meter weit springen.

Der Waldboden

Wie wird aus Blättern Erde?
Blätter, Zweige und auch ganze Bäume fallen irgendwann zu Boden. Würde dort alles unverändert liegen bleiben, wäre das schnell eine sehr dicke Schicht. **Pilze, Bakterien** und Millionen auf dem Waldboden lebende kleine Tiere haben eine wichtige Aufgabe: Sie zersetzen die Überreste von Lebewesen. Umgestürzte Bäume, altes Laub, tote Tiere – sie zerkleinern alles und wandeln es wieder in fruchtbare Erde um.

Ein Regenwurm zieht Laub ins Wurmloch.

Eng verbunden

Die Pilzfäden des Fliegenpilzes umwachsen Baumwurzeln.

Geflecht aus Pilzfäden

Das, was wir Pilz nennen, ist nur der Fruchtkörper des eigentlichen Pilzes. Im Boden erstreckt sich ein Geflecht aus **Pilzfäden**. Die Fäden einiger Pilzarten sind eng mit den Baumwurzeln verwachsen – das bringt Vorteile für beide: Da die feinen Pilzfäden den Boden sehr dicht durchdringen, können die Bäume dem Boden besser **Nährstoffe** und Wasser entziehen. Die Pilze erhalten von den Bäumen **Nährstoffe**, die sie selbst nicht herstellen können. Manche Pilze umgeben die Baumwurzeln wie ein Mantel und produzieren Stoffe, die Krankheitserreger bekämpfen. Es gibt aber auch Pilzarten, die Bäume schädigen, indem sie das Holz zersetzen. Pilze sind weder Pflanzen noch Tiere, sondern bilden eine eigene Gruppe.

Alt und jung

Blitzschlag, Sturm, Waldbrand, Insektenfraß – es gibt vieles, was Bäume schädigt oder sie umstürzen lässt. In den Lücken, die sie hinterlassen, ist Platz für junge Bäume oder andere Pflanzen.

Schon gewusst?

In Wäldern, die von Menschen gepflanzt werden, um Holz zu gewinnen, sind die Bäume alle gleich alt und werden nach wenigen Jahren gefällt. Es herrscht keine Artenvielfalt, denn meist gibt es nur eine einzige schnell wachsende Baumart. Bei uns werden überwiegend Nadelbäume gepflanzt.

Blitzeinschlag im Wald

Der Wert des Alten

Alte oder abgestorbene Bäume und Baumteile nennen wir **Totholz**. Für viele Tiere und Pflanzen ist Totholz ein wichtiger Teil ihres Lebensraums. Manche Vögel und Fledermäuse leben in Baumlöchern und hohlen Bäumen. Käfer und andere Insekten finden Nahrung in altem oder totem Holz.

Kohlmeise

Eichel-bohrer

Wald-baumläufer

Hirsch-käfer

Waldkauz

Eich-hörnchen

Buntspecht

Vivien, 7, fragt:

Warum klopfen Spechte an Baumstämme?
Mit dem Schnabel schlagen Spechte ihre **Brut-höhlen** in Baumstämme. Doch ihr lautes Klopfen kannst du das ganze Jahr hindurch hören, da sie ihren kräftigen Schnabel auch benutzen, um in den Ritzen oder unterhalb der Rinde Insekten zu finden und sie hervorzuholen.

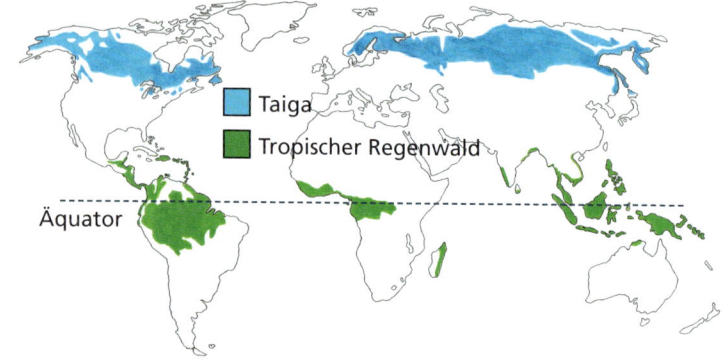

Taiga
Tropischer Regenwald
Äquator

Ungestörter Wald

Früher bedeckten undurchdringliche **Urwälder** einen Großteil der Erde. In Europa zogen Wölfe, Bären, Luchse und viele andere Tiere durch riesige Laubwälder. Von diesen natürlichen Wäldern sind bei uns aber nur kleine Gebiete übrig geblieben.

Doch noch gibt es vor allem in Südamerika, Asien und Afrika riesige, fast unberührte Wälder, die Lebensraum für unzählige Tier- und Pflanzenarten sind.

Der Braunbär lebt in den Wäldern Nordamerikas und in Teilen Europas und Asiens.

In den **Regenwäldern** der Tropen zu beiden Seiten des **Äquators** (der Mittellinie der Erdkugel) lebt mindestens die Hälfte aller Tier- und Pflanzenarten weltweit. Und jedes Jahr werden neue Arten entdeckt! Der größte Regenwald ist das Amazonasgebiet in Brasilien. In den Urwäldern im Norden, wie etwa in der **Taiga**, fallen die Temperaturen im Winter regelmäßig auf –40 bis –60 Grad Celsius. In diesem Lebensraum mit wenigen Baumarten und langen Wintern halten es nur wenige Tier- und Pflanzenarten aus.

Waldelefanten im afrikanischen Regenwald

19

Der Wald in Rekorden

Die alte Fichte wird „Old Tjikko" genannt. Sie wächst im Fulufjället-Nationalpark in Schweden.

Alter Schwede

Manche Bäume werden unglaublich alt. Eine schwedische Fichte soll laut Wissenschaftlern etwa 9550 Jahre alt sein.

Ganz schön schnell

In tropischen Gebieten können Bambuspflanzen über 70 cm an einem Tag wachsen und insgesamt eine Höhe von über 40 m erreichen.

Weit verzweigt

Zu den größten Lebewesen der Erde gehört ein Pilz. In Oregon, USA, wächst ein Hallimasch, der etwa 2400 Jahre alt ist. Sein Myzel (das unterirdische Fadengeflecht) erstreckt sich über eine Fläche von etwa 9 km^2 – das sind ungefähr 1200 Fußballfelder.

Der Hallimasch-Pilz besiedelt Nadelbäume. Er gehört zu den essbaren Pilzen und ist auch bei uns zu finden.

Was für ein Stamm!

In Kalifornien, USA, steht ein wahrer Baumriese: Der Küstenmammutbaum wird „General Sherman" genannt, sein Alter schätzt man auf 1900 bis 2500 Jahre. Sein Stamm ist über 80 m hoch und hat einen Umfang von über 30 m. Um diesen Baum zu umarmen, müssen sich 25 Grundschulkinder an den Händen fassen! Der „General Sherman" ist zwar der Baum mit dem größten Volumen, aber der höchste Baum ist er nicht.

?

Elisa, 8, fragt:

Wie hoch ist der höchste Baum der Welt?
Der höchste noch lebende Baum ist mit 115,55 Metern ein Mammutbaum namens „Hyperion" in Kalifornien. Aber es geht noch höher: In Australien wurde im Jahre 1872 ein Rieseneukalyptus mit einer Höhe von 132,58 Metern gefällt.

Der Name „Mammutbaum" leitet sich vom Mammut ab – dem größten Säugetier, das jemals auf der Erde gelebt hat.

Indigene Völker

Zur Jagd mit Pfeil und Bogen gehört sehr viel Übung.

In manchen Urwäldern leben Menschen seit langer Zeit eng mit der Natur zusammen. Niemand kennt den Wald besser als sie. Sie wissen, wo sie Tiere, essbare Früchte und Pflanzen finden und welche Pflanzen Krankheiten heilen.

Schon gewusst?

Für ihre Pfeile benutzen einige südamerikanische Jäger Gift von Fröschen. Was ist das Besondere daran? Es ...
a) ist schon in winzigen Mengen tödlich.
b) leuchtet im Dunkeln.
c) findet sein Ziel von allein.

(Lösung: a)

Ungewisse Zukunft

Die **indigenen Bewohner** nutzen den Wald, ohne ihn zu zerstören. Holz, andere Pflanzenteile und Tierfelle verwenden sie, um ihre Unterkünfte zu bauen, Werkzeuge zu fertigen oder Bekleidung herzustellen. Damit sie ihr Zuhause behalten und weiter auf ihre Weise leben können, müssen ihre **Rechte** anerkannt und die Urwälder geschützt werden.

Die Tschuktschen leben im Nordosten Russlands.

Vielfältig genutzt

Seit jeher nutzen Menschen die Wälder. Das **Holz** diente zum Bauen und Heizen. Für den Schiffbau wurden schon vor Jahrhunderten weite

Schreiner bei der Arbeit

Teile Europas kahl geschlagen. Auch heute brauchen wir Holz als Rohstoff, etwa um Möbel und Papier herzustellen oder Häuser zu bauen.

?

Mesut. 9. fragt:

Stimmt es, dass in manchen Bäumen Gummi fließt?
In China wachsen Kautschukbäume, in deren Stämmen wirklich ein gummiartiger Saft fließt. Dieser Saft wird geerntet, um daraus z. B. Reifen für Autos und Fahrräder herzustellen.

Autoreifen

Kautschukernte in China

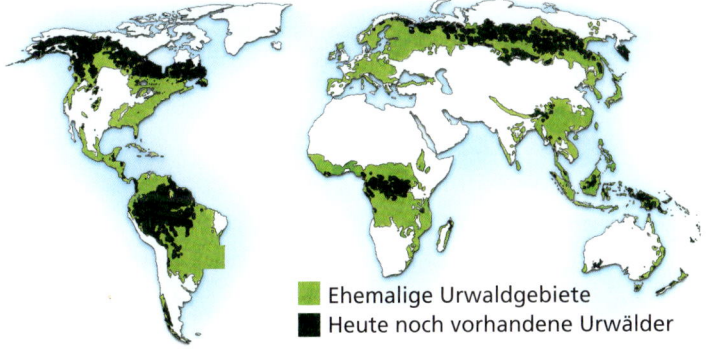

■ Ehemalige Urwaldgebiete
■ Heute noch vorhandene Urwälder

Bedrohte Wälder

Wälder sind für uns lebenswichtig, aber sehr viele Wälder und damit auch die Tiere und Pflanzen, die dort leben, sind gefährdet. Jedes Jahr werden große Flächen abgeholzt oder abgebrannt, um Platz für Städte, Äcker und Weiden zu schaffen. Außerdem ist Holz ein wichtiger Rohstoff. Er wächst zwar nach, doch kann dies sehr lange dauern.

Durch **Brandrodung** werden Waldflächen vernichtet, um Platz zu schaffen. Inzwischen sind schon die meisten der ehemaligen Urwälder verschwunden.

Die Wälder erhalten

Die Wälder, die es noch gibt, müssen wir schützen. Sind sie erst einmal zerstört, wachsen sie nie wieder so nach. Unsere Nutzwälder sollten einem natürlichen Wald möglichst ähnlich sein. Es ist wichtig, weltweit weniger Waldflächen abzuholzen.

Wir müssen darauf achten, nur so viele Bäume zu fällen, wie nachwachsen können.

Damian, 10, fragt:

Warum sind manche Bäume im Wald eingezäunt?
Waldtiere wie Rehe und Hirsche fressen gern Baumrinde und knabbern an Knospen und jungen Zweigen. Damit können sie an den Bäumen große Schäden anrichten. Zum Schutz zäunen die Förster junge Bäume ein und versuchen, durch die Jagd die Anzahl der Wildtiere zu kontrollieren.

Nachhaltige Forstwirtschaft

Försterinnen und Förster kümmern sich um die Tiere und Pflanzen. Sie prüfen die Qualität des Holzes und entscheiden, welche Bäume gefällt werden dürfen und wo neue Bäume gepflanzt werden sollen. „Nachhaltig" bedeutet, dass auch in Zukunft genügend Holz vorhanden ist und der Wald als Lebensraum auf Dauer erhalten bleibt.

Ein Forstarbeiter pflanzt eine junge Fichte.

Schon gewusst?

Menschen setzten schon vor langer Zeit Pferde für die Waldarbeit ein. Heute können Pferde dabei helfen, die Stämme der gefällten Bäume aus dem Wald zu ziehen, ohne dass die Bäume und der Waldboden geschädigt werden. Wenn Maschinen diese Arbeit übernehmen, zerstören sie oft große Waldflächen.

Die kräftigen Kaltblutpferde wurden schon früher als Arbeitstiere eingesetzt, etwa als Kutschpferde.

?

Wie wird aus Holz Papier gemacht?

Zur Herstellung von Papier eignen sich vor allem schnell wachsende Baumarten mit eher dünnen Stämmen wie zum Beispiel Fichte, Kiefer, Buche und Birke. Die Rinde wird entfernt und das Holz in einer Papierfabrik sehr fein zerkleinert. Im Wasser eingeweicht und behandelt, entsteht daraus Zellstoff – ein zäher Brei. Dieser wird dann dünn auf ein Sieb gestrichen und trocken gepresst – fertig ist das Papier.

Aus Fichtenholz wird Papier hergestellt.

Schon gewusst?

Das **FSC®-Siegel** kennzeichnet Bücher, Möbel und andere Produkte aus nachhaltiger und verantwortungsvoller Forstwirtschaft. Auch dieses Buch wurde auf FSC®-Papier gedruckt. Das Siegel steht auf der letzten Seite.

FSC
www.fsc.org

Das Zeichen für
verantwortungsvolle
Waldwirtschaft

FSC® C108891

Schülerinnen und Schüler werfen gesammeltes Altpapier in einen Altpapiersammelcontainer.

Umweltschutz mit Altpapier

Du kannst mithelfen, weniger Holz zu verbrauchen, indem du Papier sparsam verwendest. Achte beim Kauf von Papierprodukten wie Schulheften, Druckerpapier und Taschentüchern darauf, dass es aus Recyclingpapier hergestellt wurde. Das englische Wort „Recycling" bedeutet Wiederverwertung. Für dieses Papier musste kein Baum gefällt werden, denn es besteht vollständig aus gebrauchtem Papier.

Schon gewusst?

Bei der Produktion von Recyclingpapier wird viel weniger Wasser verbraucht als für neues Papier. Wenn du 20 Schulhefte aus Recyclingpapier statt aus normalem Papier nutzt, sparst du so viel Wasser, wie du für ein Mal ausgiebiges Duschen benötigst.

Ob dein Schulheft aus Recyclingpapier besteht, erkennst du zum Beispiel am Siegel „Blauer Engel".

Wald-Lexikon

Abgase

Gasförmige Abfallstoffe, die z.B. in Fabriken und in Motoren entstehen und die Luft verschmutzen

Art

Gruppe von Tieren oder Pflanzen, die Ähnlichkeiten aufweisen

Indigene Völker

So nennen wir Bevölkerungsgruppen, die von den ursprünglichen Bewohnern einer Gegend abstammen. Zu ihnen zählen z.B. Inuit und Maori.

Kohlendioxid (CO_2)

Farbloses Gas, das ein Bestandteil der Luft ist. Es entsteht in großen Mengen bei Verbrennungen (z.B. in Fabriken oder in Automotoren) und gelangt dann in die Luft. Es trägt zur Erderwärmung bei.

Lebensraum

Nahrung, Verstecke und andere Umweltbedingungen in einem Gebiet, in dem Tiere und Pflanzen leben

Mangroven

Bäume, die stark salzhaltiges Wasser vertragen und an tropischen Küsten Wälder bilden

Recycling

Die Aufbereitung und anschließende Wiederverwendung benutzter Stoffe

Rohstoff

Sammelbegriff für Stoffe, die als Ausgangsmaterial dazu dienen, etwas aus ihnen herzustellen. Holz und Erdöl zählen dazu.

Sauerstoff

Gas in der Luft, das wir zum Atmen brauchen

Taiga

Riesige Nadelwälder in Nordamerika, im Norden Europas und Asiens; kälteste Gegend, in der groß gewachsene Bäume überleben

Tropen

Bereich am Äquator mit ganzjährig feuchtwarmem Klima

Einfach gut erklärt!

Band 117
ISBN 978-3-551-24227-3

Band 116
ISBN 978-3-551-24230-3

Band 33
ISBN 978-3-551-24235-8

Band 121
ISBN 978-3-551-24240-2

Band 118
ISBN 978-3-551-24237-2

Band 115
ISBN 978-3-551-24231-0

für nur

€(D) 1,99